AF267983

L 27/n
25888

NOTICE

SUR SA GRANDEUR

MONSEIGNEUR DARBOY

Archevêque de Paris

MASSACRÉ LE 24 MAI 1871 A LA PRISON DE LA ROQUETTE
AVEC TOUS LES DÉTAILS DE SON MARTYRE
D'APRÈS LES DOCUMENTS OFFICIELS

suivie de Pièces justificatives

PAR

C. ORDIONI (DE CASA-MACCIOLE)

AVOCAT

—

Édition ornée d'un portrait

PARIS

CHEZ TOUS LES LIBRAIRES

—

1871

NOTICE

MONSEIGNEUR DARBOY

Archevêque de Paris

MASSACRÉ LE 24 MAI 1871 A LA PRISON DE LA ROQUETTE
AVEC TOUS LES DÉTAILS DE SON MARTYRE
D'APRÈS LES DOCUMENTS OFFICIELS

Suivie de Pièces justificatives

PAR

C. ORDIONI (DE CASA-MACCIOLE)

AVOCAT

———

Edition ornée d'un portrait

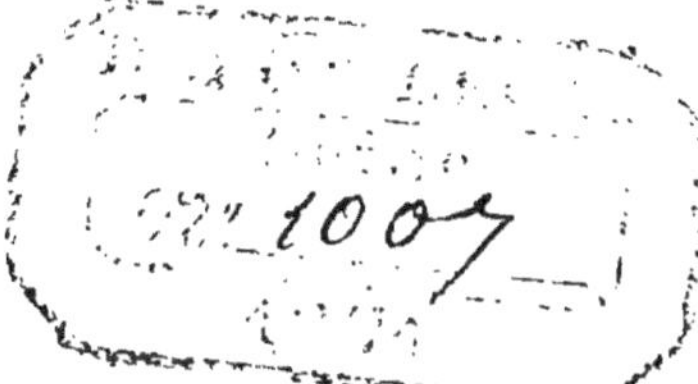

PARIS

Z TOUS LES LIBRAIRE

———

1871

S. G. MONSEIGNEUR DARBOY

Archevêque de Paris

NOTICE

MONSEIGNEUR DARBOY

Archevêque de Paris

Georges DARBOY, archevêque de Paris, était né le 16 janvier 1813 à Fay¹-Billot, département de la Haute-Marne.

Élevé au séminaire de Langres, il y fit toutes ses études et se distingua par de brillants succès.

1.

Ordonné prêtre à 24 ans, il fut nommé vicaire à Saint-Dizier, près Vassy.

Quelque temps après, il fut chargé du cours de philosophie au séminaire de Langres, puis du cours de théologie dogmatique.

Deux ans plus tard il venait à Paris et fut nommé par Monseigneur AFFRE, l'un de ses glorieux prédécesseurs, aumônier au Collége Henri IV et chanoine honoraire de Notre-Dame.

Monseigneur SIBOUR le chargea de diriger *le Monde catholique*, et le nomma en outre vicaire général honoraire, avec mission de surveiller l'enseignement religieux dans les établissements scolaires du diocèse.

En 1854 il accompagna Monseigneur SIBOUR à Rome et reçut à cette occasion de N. S. P. le Pape le titre de Protonotaire apostolique.

Monseigneur Morlot ayant succédé à Monseigneur Sibour, le nomma Vicaire général titulaire et Archi-prêtre.

Il étiat nommé évêque de Nancy en 1859.

S. Em. le cardinal Morlot avait su apprécier les hautes qualités de son ancien vicaire général, qu'il avait fait son collègue dans l'Episcopat. A son lit de mort, il le désigna au Gouvernement pour lui succéder.

Un décret du 10 janvier 1863 appela le jeune évêque de Nancy au siége archiépiscopal de Paris. — Préconisé dans le consistoire du 16 mars, il fut installé le 21 avril de la même année.

Un peu plus tard il était nommé Grand Aumônier de France, Grand Primicier du chapitre de Saint-Denis, et enfin élevé à la dignité de sénateur.

Il était membre du Conseil supérieur de l'instruction publique et grand officier de la Légion d'honneur.

Son rôle au Sénat fut des plus modérés. — Il prit part aux travaux du Concile de Rome avec l'autorité qui s'attachait à sa haute position.

Le Gouvernement français avait demandé plusieurs fois au Saint-Siége le chapeau de cardinal pour le grand aumônier de France.

Monseigneur Darboy a publié plusieurs mandements très-remarquables.

C'était un écrivain des plus distingués.

L'illustre prélat aurait pu échapper à la persécution. Un jeune vicaire qui avait donné asile chez lui à l'ancien directeur de la prison Sainte-

Pélagie avait été prévenu par un des amis de ce fonctionnaire qu'un mandat était lancé contre l'Archevêque.

L'ecclésiastique accourut en tremblant auprès de Monseigneur pour l'avertir du danger et le supplier de songer à sa sécurité. « Non, mon enfant, répondit le premier pasteur de l'Eglise; mon devoir est de rester à mon poste et de veiller, comme dit le divin Maître, sur les brebis et les agneaux confiés à ma garde.

— Mais, répliqua le prêtre, est-ce que l'apôtre saint Paul n'a pas donné l'exemple qu'on pouvait par la fuite échapper des mains de ceux qui veulent nous perdre ? »

Monseigneur Darboy demeura inébranlable, et lorsqu'on voulut avertir sa sœur pour qu'elle joignît ses prières à celles du jeune abbé, il opposa un refus encore plus prononcé, en s'écriant : « *Que la volonté de Dieu soit faite !* »

L'ordre d'arrestation contre Monseigneur de Paris fut exécuté le 4 avril. — Transféré immédiatement à la Préfecture de police, Raoul Rigault se donna l'infâme plaisir d'outrager par ses menaces la noble victime. Le courage de l'Archevêque fut admirable; il parla avec douceur de pardon et de conciliation.

Écroué tout d'abord au dépôt de la Préfecture, dans le bâtiment occupé par les femmes, l'Archevêque fut transféré bientôt après à Mazas en voiture cellulaire, avec le président Bonjean. L'honorable magistrat voulut marquer sa déférence à ce vénérable prélat en lui cédant le pas pour monter en voiture et en prononçant ces paroles : « *La Religion d'abord, la Justice ensuite.* »

Le séjour de l'Archevêque dans la maison d'arrêt cellulaire se prolongea jusqu'au 22 mai.

Les Ferré, les Lefrançais, les Protot et les Rigault, les Vallès, les Vermorel, se réunirent ce jour-là en conciliabule et la mort des otages fut décidée sur un ordre du directeur de la sûreté générale.

La voiture des grands criminels reçut encore une fois le digne Archevêque pour le conduire à la Roquette, où devait s'accomplir l'horrible drame.

L'intervention du ministre américain était restée infructueuse.

Nous reproduisons ici la seule version connue de l'exécution de Monseigneur Darboy. Ce récit a été adressé aux journaux par M. Évrard, qui a eu le bonheur d'échapper aux bourreaux de la Commune. Ce garde national réfractaire a écrit en ces termes :

« Monseigneur Darboy occupait la cellule n° 24 de la 4ᵉ division, et je me trouvais à quelque distance de lui, dans la cellule n° 26. La cellule occupée par le respectable prélat était autrefois le cabinet d'un surveillant. Ses compagnons de captivité étaient parvenus à lui procurer une table et une chaise. La cellule était elle-même plus vaste que les autres.

« Le mercredi 24 mai, à sept heures et demie du soir, le directeur de la prison, un certain Lefrançais, homonyme du membre de la Commune, et ayant séjourné six années au bagne, monta dans la prison à la tête de cinquante fédérés, parmi lesquels se trouvait un pompier, et occupa la galerie dans laquelle étaient enfermés les prisonniers principaux. Ces fédérés se rangèrent dans la galerie qui conduit au chemin de ronde du nord, et, peu d'instants après, un brigadier de surveillants alla ouvrir la cellule de l'Archevêque et l'appela à voix basse. Le prélat répondit : *Présent !*

« Puis il passa à la cellule de M. le président Bonjean; puis ce fut le tour du *R.P. Allard, jésuite, aumônier des ambulances* (1); du P. Du Coudray, supérieur de l'école Ste-Geneviève, et du P. Clerc, de la Compagnie de Jésus; enfin, le dernier appelé fut M. l'abbé Deguerry, le curé de l'église de la Madeleine. A peine leur nom était-il prononcé, que chacun des prisonniers était amené dans la galerie et descendait dans l'escalier conduisant au chemin de ronde; sur les deux côtés, autant qu'il me fut permis de le juger, se tenaient les gardes fédérés, insultant les prisonniers et leur lançant des épithètes que je ne puis reproduire.

« Mes infortunés compagnons furent ainsi accompagnés par les huées de ces misérables jusqu'à la cour qui précède l'infirmerie; là il y avait un peloton d'exécution. Monseigneur Darboy s'avança, et s'adressant à ses assassins, il prononça quelques paroles de pardon; deux de ces hommes s'approchèrent du prélat, et, devant leurs camarades, s'agenouillèrent et implorèrent son pardon; les autres fédérés se précipitèrent vers eux et les repoussèrent en les insultant; puis, se retournant vers les prisonniers, ils leur adressèrent de nouvelles injures. Le commandant du détachement en fut outré: il fallait donc que ce fût bien exagéré.

(1) La ligne en lettres italiques indique une rectification.

Il imposa silence à ces hommes, et après avoir lancé un épouvantable juron : — Vous êtes ici, dit-il, pour fusiller ces gens-là, et non pas pour les eng....... Les fédérés se turent, et sur le commandement de leur lieutenant, ils chargèrent leurs armes.

« Le P. Allard fut placé contre le mur et fut le premier frappé; puis Monseigneur Darboy tomba à son tour. Les six prisonniers furent ainsi fusillés, et montrèrent tous le plus grand calme et le plus grand courage. M. Deguerry seul eut un moment de faiblesse, passager, il est vrai, et qu'il fallait attribuer à son état de santé plutôt qu'à la frayeur.

« Après cette tragique exécution, faite sans qu'il fût rédigé de procès-verbal, et en présence seulement de quelques bandits, les corps des malheureuses victimes furent placés tout habillés dans une voiture de la Compagnie de Lyon, réquisitionnée à cet effet, et conduits au Père-Lachaise, où ils furent déposés dans la dernière tranchée de la fosse commune, à côté les uns des autres, sans même qu'on prît soin de les couvrir de terre. »

Le *Journal officiel de la République française* a publié également, au sujet de la mort de Monseigneur l'archevêque de Paris, les lignes suivantes :

«Le Prélat, lâchement injurié par les misérables qui allaient le frapper, est mort comme un héros chrétien, et on lui a entendu prononcer ces nobles paroles : « *Ne profanez pas le mot Liberté, c'est à nous seuls qu'il appartient, car nous mourons pour la Liberté et pour la Foi.* »

« Le martyr disait vrai : lui et ses compagnons d'infortune ont péri assassinés par le plus hideux des despotismes ; ils ont déjà reçu, dans une meilleure vie, la récompense de leur sacrifice. Mais ils laissent à ceux qui leur survivent le devoir de les venger par la punition exemplaire du forfait qui va épouvanter le monde, en même temps que d'extirper jusqu'aux semences de la servitude morale qui, en abaissant les âmes, les rend, un jour d'aberration, capables de se souiller par des atrocités sans nom. »

Quatre jours après, c'est-à-dire le lundi 29, lorsque l'insurrection était écrasée par l'armée de la France, comme l'a si bien dit son illustre chef le duc de Magenta, M. le docteur Désormeaux, avec le concours de MM. les docteurs Durand et Hallé; de M. Cassan, pharmacien, et de M. Désormeaux, étudiant en médecine, procédait à l'embaumement du corps de l'Archevêque, qui avait été transporté à l'Archevêché.

L'opération était difficile.

En effet, les projectiles avaient sans doute ouvert quelques gros vaisseaux, le cœur peut-être. On a dû multiplier sur plusieurs des principaux troncs artériels les opérations destinées à assurer une pénétration suffisante et efficace du liquide conservateur.

Le visage avait disparu à moitié sous une couche de terre. Il a fallu le débarrasser avec précaution de cette boue sanglante, pour retrouver, non sans peine, les traits et l'expression du saint prélat. La barbe, que [Monseigneur avait laissée croître depuis deux mois, contribuait encore à le rendre méconnaissable.

Les vêtements qu'il portait au moment de sa mort, et qu'on lui avait laissés dans cette inhumation incomplète et précipitée, étaient souillés, sanglants.

Trois coups de feu ont frappé l'Archevêque de Paris : deux dans la région de la poitrine, à droite ; un troisième un peu plus bas, à gauche.

Deux des plaies ont été faites par des balles de chassepot ; l'autre a paru avoir été faite par la balle d'un fusil à tabatière.

Le pouce et l'index de la main droite ont été broyés, à moitié enlevés. Il semble que le vénérable prélat, au moment de recevoir le coup mortel, ait porté la main droite en avant dans l'attitude du martyr bénissant ses bourreaux.

Cela s'accorde d'ailleurs avec le témoignage d'un de ses compagnons de captivité, qui a entendu et distingué sa voix jusqu'au dernier moment.

La blessure de la main s'expliquerait ainsi, et aurait été produite par un des projectiles qui ont frappé la poitrine.

La face avait subi un gonflement notable dû à un commencement d'emphysème. De larges plaques d'un rouge brun, indiquant un certain degré d'altération cadavérique, avaient envahi le front et les tempes. Le liquide de l'embaumement les a promptement fait disparaître.

A partir du jeudi 1er juin, le corps de Monseigneur Darboy et celui de Monseigneur Surat, son premier vicaire général, ont été exposés pendant

huit jours, suivant l'usage, à l'hôtel de l'Archevêché. Une foule immense visite chaque jour la dé-
pouille mortelle des vénérables prélats.

Une draperie noire à franges d'argent, surmon-
tée d'un écusson, orne la porte principale de
l'Archevêché.

Après avoir traversé trois salles décorées de la
même manière, nous pénétrons dans une cha-
pelle ardente disposée dans le grand salon **du**
jardin; c'est là que sont exposés les corps des
deux victimes.

Monseigneur Darboy, revêtu de ses habits pon-
tificaux, la mître en tête, avec ornements blancs
brodés en or, bas de soie et souliers blancs, est
étendu sur un lit de repos surmonté d'un dais.

Son visage découvert porte les traces des souf-
frances qu'il a endurées pendant les deux mois
de sa captivité.

Il est d'un blanc gris, maigre, méconnaissable,
et porte une longue barbe grise.

Deux prêtres et les sœurs de l'Espérance prient
dans une salle auprès des corps des saints martyrs.

Les vicaires généraux ont fixé l'époque des funérailles au mercredi 7 juin.

Une députation de cinquante membres de l'Assemblée nationale et tous les Corps constitués assisteront aux funérailles.

Il n'est pas sans intérêt de rappeler, à propos de la mort de Monseigneur Darboy, quel a été le sort des archevêques qui se sont succédé depuis la Révolution de 89 au palais archiépiscopal de Paris :

En 1793, Monseigneur de Juigné, mourut sur l'échafaud.

En 1815, le Cardinal Maury dut se réfugier à Rome.

En 1830, Monseigneur de Quélen fut traqué par la démagogie, le palais archiépiscopal mis à sac, puis complétement détruit. La persécution clandestine contre le prélat dura plusieurs années.

Son successeur Monseigneur Affre tomba sur la barricade du faubourg Saint-Antoine le 24 juin 1848.

Monseigneur Sibour, qui lui succéda, fut assassiné par Verger en 1857.

Une voix éloquente dira bientôt, sous les voûtes saintes de Notre-Dame, les vertus et les mérites de Sa Grandeur Monseigneur Darboy.

L'auteur de cette courte Notice a voulu seulement rendre un pieux hommage de reconnaissance à la mémoire de Celui qui lui facilita, il y a un an à Rome, une audience particulière de l'immortel Pie IX. « Je bénis votre courage et votre foi, daignait me dire Monseigneur de Paris, en présence de son secrétaire le chanoine de Cuttoli, nommé alors à l'évêché d'Ajaccio. Vous avez essayé de défendre dans les réunions populaires (1) les saines doctrines et la religion catholique. Mais ne vous êtes-vous pas exposé à des dangers? — Je ne crains rien, Monseigneur, répondis-je, puisque l'Empereur *répond de l'ordre.* — Cependant la prudence exige peut-être plus de réserve.»

Hélas! je ne prévoyais pas alors que quelques mois après l'ordre social se trouverait presque anéanti, et que j'aurais l'honneur de partager la captivité du chef de l'Église de Paris.

C. O.

_____

(1) Voir les pièces justificatives.

PIÈCES JUSTIFICATIVES

Le journal *le Français* publiait le 4 septembre 1868, sous la signature de François BESLAY, en rendant compte d'une réunion publique du Vauxhall, les lignes suivantes :

« Un orateur, M. Ordioni, ayant prononcé les mots « foi chrétienne, » dans la séance de lundi dernier, a dû descendre de la tribune devant une explosion de protestations. »

M. C.-D. Cazeaux écrivait dans le journal *le Pays* du 24 novembre 1868, en donnant le compte rendu d'une réunion publique présidée par Raoul Rigault :

« M. Ordioni rappelle la tolérance ou la prohibition dont le divorce a été l'objet sous les divers gouvernements de la République, du premier Empire et de la République de 1848. Il l'accepterait, si sa foi religieuse ne lui faisait un devoir de le repousser.

« Il fait des allusions réitérées à la foi chrétienne, qu'il défend, et soulève ainsi de vives protestations. Il est contraint de quitter la tribune. »

L'un des secrétaires de la rédaction du même journal, M. A. Lomon, publiait, le 29 décembre 1868, le compte rendu d'une réunion publique de la Redoute, et on y lisait les passages suivants :

« M. Ordioni a la parole. (Rumeurs ; manifestations hostiles à cet orateur.) Il ne peut prononcer que des phrases entrecoupées. Les huées, les sifflets, les cris : Assez, c'est un jésuite ! l'interrompent à chaque instant.

« Messieurs et mesdames, dit-il. (Bruit. — Dites : Citoyens.) Citoyens et citoyennes si vous voulez, ça m'est égal... M. Briosne vous a dit que le droit de réunion lui paraissait un danger ; à moi aussi, mais pas pour le même motif. Si notre droit est compromis, c'est grâce au manque de netteté des programmes débités ici. (Tumulte.) L'orateur, toujours interrompu, reproche à M. Briosne son mysticisme. Il combat ses propositions. Il voudrait un impôt du travail (Tempête), c'est-à-dire que tous les citoyens soient astreints au travail. Ce serait l'organisation du travail. (Quelques bravos.)

« Mᵐᵉ PAULE MINCK. — Citoyens, Citoyennes (Quatre salves de bravos), M. Ordioni a toujours représenté dans nos réunions l'idée cléricale ; il a toujours fait partie de ces soi-disant libéraux dont je me défie beaucoup. (Rires.) Rien n'est mauvais comme l'adjonction du libéralisme au cléricalisme. (Bravos.) Le catholicisme et la liberté ne peuvent vivre ensemble. La révélation s'y oppose. (Rires, bravos.) Qui dit clérical dit autoritaire. Le bon Dieu et tout ce qui s'ensuit force à cela. (Rires.) Qui dit démocrate, au contraire, dit amant de la liberté de l'intelligence avec ou sans tous les saints. (Rires et bravos.)

« Puis M. Ordioni est un de ceux qui disent : Quand nous serons au pouvoir, — et ça peut venir dans peu, ajoutent-ils, moi j'espère que non. (Rires) — eh bien! alors nous donnerons la liberté... Oui, ils veulent la liberté pour eux (Rires.) M. Ordioni veut que tout le monde travaille... Eh bien! les prêtres travailleront-ils? (Cinq salves d'applaudissements.) Est-ce que par hasard ils trouveraient que le Saint-Sacrifice... (Bruit. — Quelques protestations) Croiraient-ils par hasard que parce qu'ils auront lu leur bréviaire pendant quelques heures..., car ils ne le lisent pas toute la journée Rires.) ils aient assez travaillé?

« Que les cléricaux s'expliquent donc et qu'ils nous disent : Nous voulons le travail pour tous, y compris les prêtres, les moines, les frères ignorantins et de toutes les doctrines, et aussi les religieuses, bien entendu. Je parle à leur point de vue, aux cléricaux; mais dans l'état social que nous rêvons, il est évident qu'il n'y aura plus ni religieux, ni moines, ni religieuses ; il est évident que les couvents et les églises seront *rasés*. (Bruit et bravos.) Maintenant M. Ordioni a parlé de l'impôt du sang. Mais cet impôt, par qui est-il payé? par le prolétariat! Le bourgeois s'en tire très-bien en se faisant racheter...

« UNE VOIX. — Vous ne connaissez pas la loi alors! (Bruit.)

« Mme MINCK. — Quant au paysan, il y échappe en se faisant prêtre, frère ignorantin, etc... (Rires et bravos.) Ah! si M. Ordioni veut l'impôt du sang, qu'il le veuille au moins pour les prêtres, les moines, etc., etc..., comme pour les prolétaires (Salves de bravos.)! et que nous ne voyions plus de ces immenses maisons qui renferment des jeunes gens qui seraient mieux dans la vie civile au lieu d'aller s'enterrer dans un froc quelconque qui nous enveloppe tous avec eux (Salves prolongées de bravos).

« M. Ordioni réclame la parole pour un fait personnel. (Rumeurs, protestations.) J'ai été traité de clérical, dit-il, le jour où, dans une discussion sur le travail des femmes, j'ai répondu à Mme Minck, qui, dans le but de se rendre populaire, a parlé d'anéantir celle que l'immense majorité des Français vénère comme la Mère de Dieu. (Explosion de rires ironiques, exclamations injurieuses, clameurs, tapage.)

« On empêche l'orateur de parler ; mais il déclare qu'il ne quittera pas la tribune avant de s'être expliqué. Le président consulte l'assemblée, qui décide... qu'elle entendra M. Ordioni.

« Celui-ci affirme qu'il ne fait que se défendre contre les attaques de Mme Minck.

« UNE VOIX. — Vous connaissez le P. Loriquet?

« M. ORDIONI. — Je ne le connais pas.

« Le tumulte recommence ; l'impatience s'empare de l'orateur ; il quitte la tribune ; on l'applaudit.

« Mme Minck proteste contre les accusations de M. Ordioni. On l'applaudit.

« M. Ordioni, au milieu du bruit que ne manque pas de soulever son apparition à la tribune, essaye de réfuter M. Briosne ; mais chacun de ses mots, pour ainsi dire, est accueilli par une interruption. Il s'élève surtout contre tous ces partages dont a parlé M. Briosne. Dans quinze ans, dit-il, ce serait à recommencer. (Sifflets, rumeurs.)

« M. Briosne. — Je n'ai pas parlé de partage ; j'ai parlé de liquidation.

« M. Ordioni. — Soit. Je me suis trompé; mais qui dit liquidation, dit partage. (Bruit.) Du reste, ceux qui ont tenté de mettre en pratique les théories de M. Briosne n'ont pas réussi, et leur inventeur n'a pas eu de bonheur. (Son nom ! son nom !) C'est Babeuf.

« Passant à l'instruction des ouvriers, l'orateur énonce qu'on ne peut aujourd'hui, en France, dire qu'elle est refusée (Oh ! oh ! — Rumeurs). L'instruction du premier degré est donnée à toutes les communes (Non ! non ! — Vociférations, tumulte indescriptible).

« M. Ordioni. — Je défie que personne puisse venir me dire ici : J'ai un enfant, et cet enfant, je ne puis pas lui donner l'instruction primaire (Tempête de cris). Enfin, le citoyen Briosne a parlé de la coalition du travail contre le capital. Eh bien ! je crois.... que les travailleurs ne pourraient pas vivre et seraient ruinés avant les capitalistes (Tumulte extraordinaire, huées, cris).

« M. Ordioni est obligé de quitter la tribune.

« Cinq minutes de tapage, puis la parole est à M. Victor Chaniot. »

Ces différents extraits de journaux expliquent pourquoi M. Ordioni devait être arrêté comme otage par la Commune de Paris.

Les Raoul Rigault, les Ferré, les Gaillard, les Lefrançais connaissaient de longue date les opinions religieuses de celui dont ils voulaient faire un martyr.

Mais l'homme propose et Dieu dispose.

La lettre suivante, adressée au *Petit Moniteur*, explique par quels moyens M. Ordioni a pu échapper à la mort :

« Monsieur le rédacteur,

« J'ai été arrêté au commencement d'avril, par ordre du sieur Lefrançais, membre de la Commune, pour servir d'otage.

« Après avoir été détenu pendant vingt jours à la préfecture, j'avais été écroué, en dernier lieu, à Mazas. Cette prison avait déjà reçu divers obus dans la soirée de mercredi. Jeudi matin, mon voisin de cellule (4e division, n° 173) venait d'être grièvement blessé. Ses gémissements me fendaient l'âme. Je fis alors appel aux sentiments d'humanité du gardien de la division (1), le priant de me faire transférer dans un des cachots du rez-de-chaussée, où il y aurait moins de danger d'être atteint par les bombes. Je reçus cette sinistre réponse : « Ne crains rien, ton affaire sera bientôt faite. » J'entendis alors dans la galerie des pas cadencés d'hommes armés. Je crus que l'heure fatale avait sonné, et j'essayai d'écrire un suprême adieu à ma famille.

« Mais la Providence allait bientôt manifester sa miséricorde envers moi.

« Ce cri : *Ouvrez les cellules !* retentit comme un signal de salut. Un brave gardien, le nommé Pariset, qui a épousé une de mes compatriotes, vint m'annoncer avec mystère que le directeur de la prison, le sieur Garreau, allait être bientôt fusillé. Je n'osais le croire, et cependant c'était la vérité, puisque le cadavre de ce misérable gisait encore, hier dimanche, étendu dans la cour de la prison.

« Je fus un des premiers à franchir les grilles extérieures. Mais je n'avais pas fait deux pas, que des gardes nationaux s'emparent de moi et m'entraînent de force à la barricade de la rue de Lyon, en mettant entre mes mains un mauvais fusil à piston.

(1) Le sieur Lécole, agent secret de la Commune.

« Je remarque autour de moi un tambour-major de la garde nationale, Marié, et le sieur Bardet, marchand de chansons, saisis de frayeur.

« Je leur propose de m'accompagner dans une maison voisine, où nous trouverions, leur dis-je, les munitions qui nous seraient nécessaires.

« Ma proposition est accueillie, et grâce à ce stratagème, je pus m'éloigner du théâtre de la lutte.

« Nous nous dirigeons du côté de Bercy par le quai de la Râpée. Je dépose mon arme dans un des bureaux de l'Entrepôt; puis, espérant gagner la porte de Vincennes, nous tournons à gauche.

« En suivant la route stratégique, nous rencontrons le commandant du 131e bataillon, qui nous fait arrêter comme suspects, et consigner dans un des postes voisins. — L'ordre est donné de m'appuyer au mur du bâtiment-caserne, et douze insurgés à mine farouche, commandés par un pompier, chargent leurs fusils en notre présence. Tout espoir me paraît alors perdu. Cependant j'élève la voix avec fermeté, et je demande à être jugé par le comité de l'arrondissement. Un lieutenant, dont je regrette d'ignorer le nom, a le courage de dire très-haut qu'il est juste de faire droit à ma demande. Il avait parcouru mes papiers et avait constaté que j'avais fait partie de l'armée des Vosges. De mon côté, je déclare être sujet italien, et grâce à cet heureux mensonge, des Français me font grâce de la vie.

« Toutefois, je suis escorté avec mes compagnons jusqu'à la barrière du Trône, et sur tout notre parcours du chemin, la foule irritée profère des menaces de mort. Le chef de poste de la barrière du Trône, après un interrogatoire sommaire, ordonne notre mise en liberté.

« Les péripéties de cette funeste journée étaient encore loin d'être terminées. La lutte était terrible et acharnée près de la Bastille, et il m'était impossible de dépasser le boulevard Beaumarchais pour rentrer à mon domicile. Je frappe à la porte d'un de mes amis de la rue Amelot, qui s'était réfugié dans sa cave, et c'est dans ce lieu sûr que j'ai vécu, presque sans nourriture, pendant quarante-huit heures.

« Quand la dernière barricade de la Bastille fut enlevée, j'étais définitivement sauvé.

« ORDIONI (DE CASA-MACCIOLE),

« avocat. »

«*P. S.* A côté des hommes de la Commune, dont les noms seront à jamais flétris dans l'histoire, la France ne doit pas oublier certains membres du Gouvernement du 4 septembre 1870, dont l'ambition révoltante et l'incapacité notoire ont jeté le pays dans l'abîme. Ces *soi-disant* ministres de la guerre, ces prétendus hommes d'État, n'ont rendu aucun service, et on peut ajouter, sans crainte d'être démenti, qu'ils ont préparé par leur ineptie, leur imprévoyance, et la funeste capitulation de Paris, et la trop néfaste journée du 18 mars.

« Les catholiques n'oublieront pas que c'est sous le régime du 4 septembre que le vicaire de Jésus-Christ a été dépouillé des prérogatives de son auguste royauté.

« Ajoutons encore que l'ex-dictateur Gambetta, déchirant de propre main les pages de sa brillante rhétorique, avec laquelle il fascinait les électeurs de Belleville, a montré dans son passage aux affaires que la liberté individuelle n'était pour lui qu'un vain mot qu'on pouvait effacer de nos constitutions politiques.

« Nous ne voulons pas, au milieu du deuil immense où nous sommes encore plongés, nous livrer à des récriminations personnelles ; mais puisque depuis cinq mois il nous est permis pour la première fois d'écrire en homme libre, oh ! ne craignons pas de dire à tous ceux qui nous connaissent et qui nous ont exprimé leurs sympathies, qu'avant d'avoir été prisonnier du sieur Lefrançais et du frère de *l'ex-citoyenne* Paule Minck, nous avons été séquestré arbitrairement pendant deux mois par un ancien agent politique du prince Pierre Bonaparte, devenu, malgré ses fraudes électorales, préfet de la République, et que nous avons été rendu à la liberté au mois de février par la courageuse initiative de deux| magistrats du tribunal civil de Calvi, MM. Gatta et Beverini. Qu'ils reçoivent aujourd'hui nos sincères remerciements.

« Quand donc la liberté et la vie des citoyens seront-elles, dans notre malheureuse patrie, sauvegardées autrement que par la lettre morte de nos lois ?

O. (DE CASA-MACCIOLE).

« Juin 1871. »

CERTIFICAT

*Délivré par ordre de Monseigneur DARBOY et qui a été
lacéré par le beau-frère de la citoyenne Paule Minck au
moment de l'arrestation de M. Ordioni. Des fragments
seuls ont pu être recueillis.*

—

ARCHEVÊCHÉ DE PARIS

—

Monseigneur l'archevêque de Paris a reçu de bons
témoignages sur le compte de M. Ordioni.

Sa Grandeur me charge d'exprimer . . . .
. . . . . , ...

Signé : P. DE CUTTOLI,
Chanoine de Paris, secrétaire de Monseigneur.

DOCUMENTS ADMINISTRATIFS

MAISON DE DÉPOT
DE LA PRÉFECTURE

Je soussigné, certifie que M. (*le colonel*) Ordioni, entré au Dépôt de la Préfecture le 12 avril, a été transféré à Mazas le 27 avril, par ordre du citoyen Levrault.

Paris, le 1er juin 1871.

Le greffier,
Signé : ROB.

L'ordre d'écrou ne comportait pas de motif.

Signé : R...

AISON D'ARRÊT CELLULAIRE

—

Je certifie que M. Ordioni (de Casa-Macciole) a été détenu à Mazas depuis le 27 avril 1871 jusqu'au 25 mai 1871.

Ce 28 mai 1871.

Le greffier,
Signé : BONNARD.